Comment publier un livre électronique par jour

Séraphine LEMANGOU

2

Table des matières

Ainsi, vous souhaitez savoir comment publier un livre électronique par jour?

Cher lecteur, le titre de ce livre risque de susciter de la polémique et des critiques auprès de vous. Je vois des lecteurs penser que j'enseigne à spammer Amazon. Je vois d'autres dire haut et fort que je manque d'éthique. Alors laissez moi planter le décor et vous expliquer les raisons de la création de ce guide.

Un besoin : plusieurs personnes expriment le besoin de publier rapidement des livres sur Kindle ou ailleurs (Kobo, Internet, CreateSpace ...). A la base de ce souhait pourraient se trouver :

>**des réalités financières** : beaucoup de mes lecteurs (chômeurs,...), à la sortie de mon premier livre sur la publication des livres sur Kindle, voyaient dans la rédaction de manuscrits, le moyen de pallier au manque d'argent. Quand on a 475 euros par mois pour vivre, on réfléchit différemment. Le tout n'est pas de publier des livres pourris (insipides, invendables...) pour remplir le catalogue d Amazon. J'ai toujours dit que les lecteurs sont nos juges. Et un livre sans consistance risque la poubelle via des critiques qui tuent sur la page de vente.

>**un projet** : un projet délimité bien sûr. Quand on ne sait pas comment procéder pour réaliser quelque chose, on met plus de temps. Et plus le temps passe, sans réelle production, et plus on se décourage. Au

fait, combien de pages pouvez-vous écrire par jour ? Si vous mettez 20 jours pour écrire un livre de 40 pages, alors la, chapeau !. Vous êtes à côté de la plaque !

>**une stratégie** : il est intéressant de partager les secrets des auteurs en matière de production de livre. Ceci est le mien, bien packagé comme dirait un commercial et moins cher. Je suis conscient que dévoiler ma méthode apportera de la compétition pour mon business mais le besoin de tout dire est plus fort que tout.

Après avoir lu ce guide, asseyez-vous et évaluez chaque phrase pour voir si ce que je dis est cohérent. Surtout, lancez-vous sans tarder. Le temps passe très vite ici. Le problème avec beaucoup d'acheteurs est qu'ils achètent, achètent et achètent. Il n'y a pas d'erreur dans la phrase. Je veux juste vous faire comprendre que certains achètent tellement de livres et ne font rien avec. Je souhaiterai que vous exploitiez les informations de ce livre et que vous partagiez votre succès avec moi.

>**un processus** : On va faire comme ceci, comme cela ... voila le type de guide que je souhaiterai mettre entre vos mains. Quand vous aurez publié deux ou trois livres en suivant les processus enseignés dans ce guide, vous gagnerez en confiance. L'avantage avec le kindle c'est que les résultats ne tardent pas à se faire voir. En moins de 24h après la publication d'un livre, vous pouvez déjà voir comment ce livre se vend.

Pour tout dire, pourquoi devrez-vous lire ce livre ? Ce livre vous expliquera de manière simple comment vous pouvez publier des livres à la chaine... en raison d'un livre par jour... des livres qui se vendent, pour tout dire. Dans le comment, vous avez englobé en un seul lot : la stratégie, la méthodologie, les illustrations, les simulations... Je ne reviens pas sur la manière de mettre les livres en forme. Je l'ai bien présenté dans plusieurs de mes publications. Il s'agit ici de savoir : quel type de livres je pourrai écrire ? Comment organiser le contenu ? Où trouver le contenu ? Pour un tel thème ? Qu'est ce que les lecteurs attendent à trouver dans le livre ?

Je tiens toutefois à préciser que le fond pour moi est plus important que la longueur. J'espère que c'est ce que vous souhaitez aussi. J'écris sans rembourrage. Je n'aime pas tirer en longueur. Quand je sens que j'ai assez précisé l'information sans complication, j'arrête tout simplement.

Avant d'aller plus loin, permettez-moi de vous montrer quel livre acheter si vous ne savez quoi prendre pour publier simplement ou pour mettre en forme un document vers le Kindle :

http://www.amazon.fr/dp/B006V4H4FI=> Comment Publier Simplement sur KINDLE des livres qui vous rapportent jour après jour

http://www.amazon.fr/dp/B007P4ZG94   => Comment réussir la mise en forme de vos livres numériques - De Word vers le MOBI (Kindle) et l'EPUB

Note importante : Loin de moi l'idée que publier un livre par jour est facile. Si vous avez opté pour ce livre en vous disant que vous serez rapidement riche, il faudra trousser vos manches. En travaillant vraiment dur, vous publierez des livres... et vos revenus iront en s'accroissant.

Le secret de la méthode

Doit-on dire que c'est un réel secret ? Je ne crois pas. J'ai découvert comme certains grands chercheurs (le hasard, quoi !), que la manière la plus facile de produire des livres est de répondre à une simple question : COMMENT... ?

Je ne sais pas si vous avez bien compris ce que je dis, alors je le reprends différemment. Si vous voulez publier des livres à la chaine, contentez-vous de n'écrire que des livres qui répondent à la question « COMMENT... ? ».

Voila ! Je suis sûr que quelqu'un va me dire que je suis à côté de la plaque, qu'il faut écrire des livres du style « 10 raisons de... » ou des recettes de cuisine ou des jeux :

Voyons les différents cas :

>**Recette de cuisine** : Honnêtement, c'est facile et ne requiert pas un grand temps d'apprentissage. Mais le prix de la production ? Combien pouvez-vous compiler de recettes dans un livre pour le vendre et gagner 2€/vente ? Il y a un travail de test. A moins que vous ne lisiez cet excellent guide : Comment écrire des recettes de cuisine et les publier sur internet => http://www.amazon.fr/dp/B0098PUD5U

>**Livres sous forme de liste** : Il faut compiler une liste et puis faire une présentation en raison de 1-2

pages A4 par raisons. Vous trouverez peut-être cela plus cool mais comme je ne suis pas fort dans les argumentaires, j'aurai plus de mal à produire ces types de livres.

>**Jeux** : Voici un exemple de guide sur le sujet. Jeux Kindle - Comment publier sans aucun codage des quizzes sur les liseuses numériques => http://www.amazon.fr/dp/B007X53KAC

Le cas du COMMENT ? Quand on entend comment, on s'attend à une explication. Le mot COMMENT suppose qu'il faut apporter une solution. Bref, expliquer la solution du COMMENT. Je ne sais pas si vous me comprenez. Alors je vais illustrer mes dires.

Voici un livre qui m'aurait inspiré : « Comment lire un document pdf sur son Kindle. »

Comment lire un document pdf sur son Kindle
- Ebook Kindle

EUR 3,21 Achat Kindle

Empruntez ce livre gratuitement depuis votre Kindle *Premium*

Empruntez ce livre
Rejoignez Amazon

C'est vraiment d'actualité. Ceux qui ont un Kindle savent combien ce n'est pas évident de lire des documents pdf. Voici d'ailleurs l'information donnée par l'auteur : « *Il y a rien de plus énervant que d'acheter le Kindle et de se rendre compte que les documents en pdf ne peuvent pas être lus comme il faut. Ce guide apporte un peu d'espoir et répond aux besoins des personnes qui font face à cette situation. Il a été aussi conçu pour expliquer en détail comment tout un chacun pourrait modifier ou optimiser un document pdf afin de le rendre lisible parfaitement sur le Kindle. Voici donc un guide qui domptera vos frustrations »*

Vous comprenez bien que pour vous en sortir facilement dans un livre basé sur le comment, la réponse doit pouvoir s'écrire sous forme de tutorial et être facile à suivre. Ceux qui ont l'habitude des procédures savent de quoi je parle. Si ce n'est pas votre cas, alors sachez que l'on présente les choses étape par étape.

Ne vous cassez pas la tête maintenant si vous ne comprenez pas bien. Dans la partie suivante, vous aurez tout ce qu'il faut.

Avant d'entamer la méthode, je vous dirai qu'il y a des sujets à prendre et d'autres à éviter. Un sujet adéquat doit être facilement limitable. Vous devez être capable de circonscrire le sujet dans votre livre. Si en très peu de mot, vous n'êtes pas capable d'expliquer à un enfant comment réaliser quelque chose (en comment), laissez tomber et prenez un autre sujet.

Voici un sujet : « Comment utiliser Word ». Pour moi, ce sujet est à éviter. Il n'y a pas assez de précision. Vous ne pourrez pas vraiment contenter un lecteur en essayant de répondre à cette question. Trop vaste à mon goût.

Un autre sujet : « Comment utiliser Word pour publier sur Kindle ». Un peu trop dense mais abordable en peu de pages. Bien préciser qu'ici il ne s'agit pas de fournir un guide d'utilisation de Word mais plutôt de faire du Word appliqué au Kindle. Un livre basé sur ce sujet est un simple guide de formatage.

C'est très dangereux de se lancer, au niveau du « COMMENT... ?», dans des rédactions philosophiques : comment en finir avec des migraines, comment bien skier, comment trouver la femme de sa vie...

Je vous invite à ne trouver que des sujets pratiques : comment créer un blog en une heure, comment lire un pdf sur le Kindle, comment vendre sur ebay...

C'est vraiment facile de trouver des sujets :

AMAZON

Faites tout simplement une recherche sur Amazon pour avoir des idées de livre. Quand vous placez un mot dans la recherche, une liste de titre apparait en suggestion.

GOOGLE SUGGESTION

Pareil sur l'outil de Google. Vous commencez la phrase avec COMMENT puis vous pouvez réduire le champs de recherche avec un verbe. Vous avez la suite.

Exemple : comment faire, comment dire, comment produire,...

Je pourrai vous donner d'autres outils comme le « Google suggestion Tool » mais je crois qu'il faut vraiment rester simple. Ne compliquez pas les choses.

La méthode liée au secret

Laissez-moi vous brosser la méthode de rédaction de livres à la chaine. J'ai bien précisé : N'utilisez pas cette méthode pour spammer. Vous ne gagnerez rien et votre compte Amazon sera suspendu.

Chaque livre sera présenté ainsi :

>Introduction
>Réponse globale
>Réponse détaillée
>Question/Réponse
>Illustration ou note importante
>Conclusion & recommandation

Etape1 : Trouvez votre question

C'est là que vous creusez votre imagination ou que vous utilisez les outils que je donne pour trouver la question clé de votre livre.

Supposons qu'après quelque gouttes de sueurs vous avec trouvé comme question : « comment publier des livres à la chaine ». Ce n'est pas une surprise ? J'utiliserai cet exemple dans mes illustrations.

Etape 2 : Façonnez votre introduction.

La plupart de mes introductions commencent par une question. C'est ma marque de fabrique. Ceux qui on déjà acheté plusieurs de mes livres savent que tout commence de cette façon. Ainsi avec le sujet ci-dessus, j'oserai dire : « Ainsi vous souhaitez savoir comment publier des livres à la chaine ?... »

Le but de l'introduction est de vous rappelez pourquoi vous tenez tant à l'information (la réponse du comment). J'y donne des raisons sur 1-2 pages A4 maximum... Ainsi avec le sujet ci-dessus, j'oserai dire : « Ainsi vous souhaitez savoir comment publier des livres à la chaine ? Avant de vous expliquer comment le faire, laissez-moi-vous donner des raisons de lire ce guide, des raisons de comprendre comment il est important de produire des livres à la chaine... »

Voilà ! il y a un curieux qui va oser me dire qu'il ne comprend pas pourquoi c'est fait de cette manière. Simple ! Kindle propose un système de prévisualisation (extrait) et ce sont les premières pages qui sont visibles.

Pour parler en français commercial (lol !) vous amadouez votre lecteur pour qu'il comprenne bien les raisons de lire votre guide. Pour ce qui est du commercial, rien ne peut avoir plus d'effet que cette technique. Quand le lecteur a compris les raisons de lire le guide, il prend conscience de ce qu'il rate s'il reste justement au niveau de l'extrait. Au fait, qui a dit que nous étions con (lol !) ?

Je crois que pour ce qui est de l'introduction, vous avez bien compris. L'introduction ne donne que des raisons de lire le guide : pourquoi le guide est intéressant pour le lecteur, ce que le guide contient,...

Etape 3 : Réponse globale

Dans une réponse globale, on donne une réponse sans trop la détailler. J'en profite pour donner des clés importantes. Pour une question comme « comment publier des livres à la chaine » je vous explique que la clé de l'histoire est d'écrire des livres dont le titre ou le thème commence par COMMENT. Je n'entre pas dans les détails de la méthode. Vous avez une grande ligne et je vous explique l'importance de choisir la bonne question.

Au fait, pourquoi il faut choisir la bonne question ? Si vous l'avez oublié, sachez que c'est pour vous épargner du travail inutile pour convaincre votre lecteur. Un lecteur qui a reçu sa réponse est un lecteur satisfait.

Quand on rédige un livre en réponse à un COMMENT, on n'a pas besoin de convaincre quelqu'un. On déroule un processus étape par étape.

Etape 4 : Réponse détaillée

Dans cette partie, on détaille la réponse globale. Ce livre se base sur ce que je vous explique. Nous sommes dans la partie « la méthode liée au secret ». Et vous voyez bien que je détaille une méthode globale.

J'aborde cette partie en deux déclinaisons :

>Par les étapes, je décris comment parvenir à un but. Alors, le contenu est de la forme Etape 1..., Etape 2... etc...
>Par un choix stratégique d'outils : alors, vous verrez comme titre, méthode 1 (où on présente comment résoudre le problème avec l'outil 1), puis l'outil 2...ou méthode 2...

Etape 5 : Questions/Réponses

Dans cette partie, je donne la limitation des méthodes... et je réponds aux interrogations que pourront se poser à mes lecteurs.

Donner la limitation de la méthode est facile. Vous n'y croyez pas ? Alors illustrons cela : j'ai dit que dans le cas de la publication des livres à la chaine, le problème était le choix de la question qui commence avec COMMENT... Il ne faut pas être trop vague, il faut des sujets que vous pouvez circonscrire rapidement.

Pour ce qui est des interrogations sur un sujet, Google est votre ami. Il suffit d'entrer le titre du livre dans Google et de lire des commentaires pour vous faire une idée.

L'un des sites que j'aime bien pour savoir ce qu'on pense sur internet, c'est de consulter Yahoo Questions/Réponses =>http://fr.answers.yahoo.com

Mais, laissez-moi vous dire que ce qui compte souvent pour beaucoup c'est votre expérience sur le sujet. Si

vous avez testé une procédure, vous devez savoir ce qui peut bloquer vos lecteurs.

Le secret de cette partie du livre est que son contenu peut grossir dans le temps. Dans mes livres, tout le monde peut me poser des questions. J'y donne un email (voicimonavis.kindle@sfr.fr). Quand je réponds aux questions, je mets à jour cette partie du guide... et j'update donc la version du livre. Ce qui est dommage c'est qu'avec Amazon, mes anciens lecteurs ne peuvent pas simplement avoir accès à ces updates. Une chose est sûre, ceux qui par la suite prennent le livre ont des versions de plus en plus étoffées. Voila ce qui empêchera les commentaires du livre de s'essouffler.

Mon livre devient meilleur avec le temps. Disons-le !

Etape 6 : Illustration

Vous pouvez revenir sur vos détails et apporter une grande illustration via l'image. Habituellement, alors que je traite des étapes, j'illustre en même temps. Pour le lecteur, rien ne valent des images choisies pour la circonstance. Je n'en mets pas trop. Juste ce qu'il faut.

Etape 7 : conclusion

Votre conclusion doit toujours porter des germes d'encouragement. Finissez sur une note positive.

J'aime particulièrement à la fin des livres, ajouter d'autres livres que j'ai écrits. J'appelle cela la cross-promotion (c'est mon mot à moi). Je place donc des liens cliquables avec des titres. Ok ? C'est la seule promotion que je fais sur mes livres. Je sais que beaucoup parle de faire ceci ou cela. Et oui ! Moi-même j'enseigne beaucoup de choses... mais je n'ai pas forcément le temps de les appliquer. Pour moi, la cross-promotion est inévitable.

En conclusion, vous verrez aussi une partie qui redemande à l'auteur s'il a bien lu la description. Que cela ne vous choque pas. C'est juste une astuce pour placer dans mon manuscrit tout ce qu'il faut comme écrit pour la partie KDP. J'ai en entrée du fichier du manuscrit, le titre et le nom de l'auteur. Comme j'utilise souvent un sobriquet par livre, c'est plus facile de le gérer dans chaque livre. En fin de fichier, j'ai la description.

Je suis très fort dans les copier/coller (lol !) Alors quand je suis sur l'interface de publication ou sur mon logiciel Photoshop pour la couverture, je ne fais que recopier et coller des portions de texte. Je gagne ainsi beaucoup de temps.

Questions/réponses

L'une des plus grandes questions que vous aurez à vous poser est de savoir si votre titre en COMMENT est adapté à un livre. Si vous n'arrivez pas à faire le tour de la question avec vos deux bras, laissez tomber.

Alors, j'ai l'habitude de piquer une question, de la circonscrire, de la traiter rapidement. Trop de temps nuit le temps. Ce n'est pas parce qu'un dossier est vite écrit qu'il est bâclé. Si vous avez la mauvaise information à présenter, le temps ne changera rien. Vous aurez beau passer 5h ou 2 jours, vous fournirez quelque chose d'insipide.

Donc, j'écris mais je ne publie pas le même jour à cause de la relecture. J'ai constaté qu'il me fallait au moins 48h pour relire un document correctement. Plus tôt, c'est comme si les fautes glissaient sous mes yeux.

Outil Google pour les mots

Google dispose d'un outil que j'aime bien et utilise souvent : la suggestion des mots.
Lancez votre moteur préféré et placez y le mot COMMENT. Vous voyez que le système vous propose des mots en complétion du premier.

Google

comment

comment **ça marche**
comment **calculer un pourcentage**
comment **ça va bien**
comment **grossir**

Appuyez sur Entrée pour lancer la recherche.

Vous pouvez essayer avec des lettres de l'alphabet pour voir.

COMMENT A…

comment a

comment a**voir confiance en soi**
comment a**rreter de fumer**
comment a**voir une fille**
comment a**voir de la barbe**

Appuyez sur Entrée pour lancer la recherche.

COMMENT B…

comment b

comment b**loquer un numero**
comment b**ien dormir**
comment b**ien faire l'amour**
comment b**loquer un numero sur iphone 4**

Appuyez sur Entrée pour lancer la recherche.

21

Je vais vous montrer encore une astuce ici pour éviter de recevoir des emails à son sujet :
Dans cet outil, mettez juste le mot **COMMENT + un verbe** pour avoir un résultat de recherche.

C'est le même principe lorsque vous vous retrouvez dans le générateur de mot clé de Google :
https://adwords.google.com/o/KeywordTool

Trouver des mots clés

Renseignez un ou plusieurs critères ci-dessous :

Mot ou expression comment

Site Web www.google.com/page.html

Voila un exemple de résultat

Mot clé	Concurrence	Recherches mensuelles dans le monde entier ?	d
comment grossir rapidement ▾	Moyen	6 600	
comment maigrir rapidement ▾	Élevée	27 100	
comment maigrire ▾	Élevée	27 100	
comment mincir ▾	Élevée	90 500	
comment etre belle ▾	Faible	22 200	
comment maigrire vite ▾	Élevée	4 400	
comment maigrir gratuitement ▾	Élevée	1 000	
comment devenir riche ▾	Faible	33 100	
comment mediter ▾	Faible	3 600	
comment tomber enceinte ▾	Faible	33 100	
comment maigrir facilement ▾	Élevée	8 100	

Vous pouvez faire de même sur Amazon

Toutes nos boutiques ▼ comment

comment traumatiser votre enfant

comment traumatiser votre enfant dans Livres en français

comment traumatiser votre enfant dans Amazon Rachète vos livres

comment se faire des amis

comment les eskimos gardent les bébés au chaud

comment ca marche

comment faire l'amour avec un nègre sans se fatiguer

comment fonctionne une maitresse

comment savoir si votre chat cherche à vous tuer

comment j'ai détesté les maths

Apprendre A

23

Personnellement je n'écrirai pas sur tous les sujets parce que je n'ai pas la compétence nécessaire. Ce n'est pas que je ne suis pas capable de le faire mais cela me prendra plus de temps. Des guides existent pour trouver des contenus de livres.

Aujourd'hui, avec Internet, vous pouvez écrire sur tous les sujets possibles. Il suffit de savoir faire des recherches et de compiler les informations. Le travail d'un auteur, dans le domaine de la non-fiction, se résume à celui d'un rédacteur technique ou rédacteur web.

Il faut donc savoir faire des recherches pour trouver un contenu et présenter cela à des lecteurs parfois novices.

Produire un livre par jour... ce n'est pas écrire un roman... ce n'est pas pondre 200 pages de contenu. C'est présenter succinctement et avec précision des informations pour résoudre un problème. Un problème à la fois.

En voulant traiter plusieurs problèmes à la fois, on s'égare et on égare le lecteur.

Les informations en effet existent bien gratuitement sur internet. Mais, ceux qui se trouvent confronté à des problèmes préfèrent gagner du temps... en achetant des informations vérifiées et bien compilées.

Personnellement, j'ai déjà acheté 3 pages d'information à $7... parce que j'y trouvais la solution à mon problème. J'ai malheureusement constaté que des lecteurs français aimaient le rembourrage. Ce qui n'est pas ma façon de travailler.

Si vous êtes en manque d'idée, voici un livre intéressant.

Comment trouver des idées pour écrire des livres qui se vendent
Laure Heiring (28 mars 2012) - Ebook Kindle

EUR 3,03 Achat Kindle

⭐⭐⭐⭐ (3)

Empruntez ce livre gratuitement depuis votre Kindle *Premium*

Disponible pour le téléchargement maintenant

Empruntez ce livre gratuitement depuis votre K
Rejoignez Amazon Premium

[..BONUS..]

Le but de ce guide se limitait à présenter une méthode d'auteur. La mise en forme consiste à présenter l'information pour qu'elle apparaisse bien sur une liseuse. Je préconise de travailler sous Word (ou équivalent : libre-office, Open Office...), avec des styles. Cela vous simplifiera la vie.

Pour la publication, vous pouvez soumettre directement le document Word sur la plateforme KDP. .. Ou convertir le document en HTML (et le soumettre à la plateforme KDP) ou convertir en .mobi avant de le faire.

Voici en option un outil que j'ai découvert : Auto Kindle eBook Converter : http://sourceforge.net/projects/autokindle/

Cet outil gratuit convertit les fichier html en .mobi.

Donc, voici le process :

[Document Word] => [Fichier HTML]

Vous enregistrez le document Word en page web, filtré

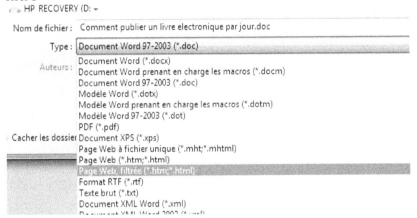

Puis

[Fichier HTML] => [livre en .mobi]

Utilisez alors le logiciel Auto Kindle eBook Converter
http://sourceforge.net/projects/autokindle/

1. On importe le fichier HTML

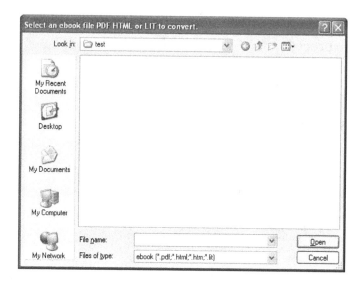

2. On indique le dossier de sortie c'est-à-dire l'emplacement de stockage du livre converti

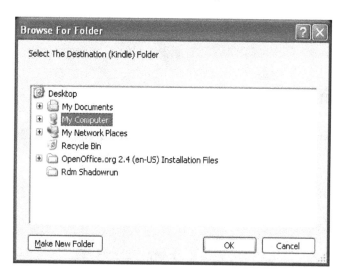

3. On y retrouve le fichier en .mobi

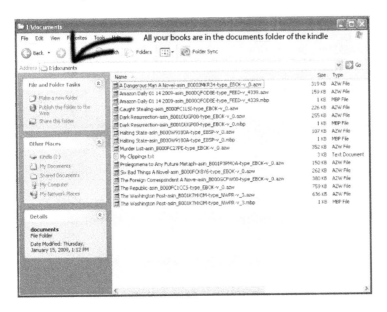

4. On teste le livre sur son kindle ou sur son outil de prévisualisation puis on le soumet à la publication dans l'espace KDP

5. On gagne quelques euros de commission avec les ventes (lol ! – Faut pas oublier !)

Simulations

J'ai compté qu'il faut en moyenne 4-5h par livre. Et j'ai décidé d'avoir deux boulots en même temps pendant au moins trois mois. Un travail de jour (mon travail courant) plus un travail de nuit (pour l'écriture - de 20h à 2h du matin). Quand je rentre du travail, je pense au livre que je vais écrire. Vous savez comment cela se passe dans le métro ou les bus de la région parisienne.

Voilà ! J'ai demandé à ma famille de m'excuser, que j'ai un projet très important en vue. Mon objectif étant de publier une centaine de livres dans les six mois. Je désire le faire par moi-même. Zéro outsourcing.

Tous les livres auront le même prix (et donc la même redevance. 2 euros pour moi). Tous les livres auront 15-30 pages A4. J'écris par passion. J'écris aussi parce que je me vois dans une nouvelle voiture dans six mois. Vous pouvez écrire parce que vous avez un grand besoin à satisfaire : Voulez-vous sortir des crédits ? Voulez-vous des revenus récurrents ?

Je sais qu'en plaçant 100 livres progressivement, il arrivera un moment où ces calculs seront aisés et sans truquage.
>Pour 1 vente par livre, vous aurez 100 exemplaires vendus et donc 200€.
Honnêtement, c'est très peu parce qu'avec moins de 15 livres par mois, je touche plus que ce montant.

>Pour 5 ventes par livre, vous aurez 500 exemplaires vendus et donc 1000€.

Arrêtez-vous un peu ici et constatez que vous n'êtes pas loin du smic... avec 3 mois de ténacité.

>Pour 10 ventes par livre, vous aurez 1000 exemplaire vendus et donc 2000€.

Arrêtez-vous un peu ici et constatez que vous n'êtes pas loin du salaire du voisin d'à côté... Je parle de celui là qui se réveille tous les matins pour aller au travail. Vous pourrez faire de même. Mais je ne sais pas quelle est votre condition. Je ne sais pas quel est le cris de votre cœur. Le RSA vous a tué ? L'Assedic ne remplit pas votre ventre ?

Ma motivation quand j'ai commencé la rédaction sur kindle était de pouvoir payer toutes les factures avec les redevances. Alors, commencez par toutes les factures hors loyer puis introduisez en deuxième étape, le loyer.

Illustrons :

Etape 1 : J'ai besoin de 375€ pour mes dépenses courantes. Voilà, un bon coup de Kindle sur 3 mois avec une cinquantaine de livres.

Etape 2 : J'ai un loyer de 435 euros... Voilà, un autre bon coup de Kindle pour cela... sur 3 mois ou moins.

Surtout ne venez pas me dire que cette partie est inutile. Je connais la nature humaine pour avoir moi-même cherché à publier un grand nombre de livres sur des sujets différents. Beaucoup m'ont dit : « Fait le focus sur 10 bons thèmes et sort ces livres ». J'ai travaillé d'abord sur une dizaine de livres et je n'ai jamais dépassé 200 euros.

Quand j'ai opté pour la diversité, le nombre et la qualité, cela paye mieux. Je ne me demande plus si j'aurai de quoi payer mes factures le mois suivant.

Plusieurs vivent ce que je raconte et donc comprennent bien.

Je me suis rendu compte que plus je mettais du temps sur un livre et plus ce livre avait du mal à voir le jour. Il faut travailler de manière ordonné...avec un plan.

Eh ! bien. Je n'ai parlé que de factures. Pourquoi ne pas épargner pour des projets ? Pourquoi ne pas épargner pour la retraite ? Vous seul savez où vous serez demain.

Conclusion

Que vous dire à cet endroit si ce n'est « Tout est dit. A vous de jouer ». J'espère que vous me direz combien ce livre vous a fait du bien.

Je ne vois pas quoi d'autre ajouter sans faire du surplus inutile. Le contenu est là. Le plan de travail est là. Courage !

Ne laissez personne vous faire croire que les livres sur Amazon ne se vendent pas. **Le Top c'est que l'on travaille une fois et on gagne de l'argent encore et encore.**

4,97	0,86	4,97	0,10	3,41
2,97	0,75	2,97	0,09	4,04
2,98	1,02	2,98	0,12	2,00
3,12	1,06	3,12	0,13	4,18
3,12	0,86	3,12	0,10	2,11
3,12	0,61	3,12	0,07	2,14
2,97	1,39	2,97	0,17	3,92
3,12	0,54	3,12	0,06	2,14

Total: € 352,59

Conseil :

1-optez pour la qualité et non la quantité.
2-Produisez des courts livres/rapport de moins de 30-50 pages
3-Réglez une question à la fois. Donc une seule question par livre
4-Ne ne cherchez pas la perfection
5-Choisissez votre cible et expliquez cela dans votre description

Avez-vous lu la description de ce livre ?

Le but de ce livre est de vous aider à publier à la chaine (pourquoi pas un livre par jour) et de manière ordonnée des livres qui se vendent.

Voici ce que vous découvrirez dans ce guide :

- Quel genre de livre peut être produit en raison d'un livre par jour ?
- Comment produit-on un livre par jour ?
- Peut-on réellement gagner de l'argent en écrivant des livres ?
- Combien de page doit avoir chaque livre ?
- Pourquoi s'intéresser à la publication de livres électroniques
- Que cherchent les lecteurs de vos livres
- Comment trouver des idées de livres que l'on peut écrire en un jour
- Comment structurer un livre ?

Ce livre n'est pas :

-une méthode pour polluer le catalogue d'Amazon avec des livres médiocres.
-un livre d'apprentissage à l'écriture(ou à la grammaire)
-un livre pour les experts

Ce livre est à conseiller à :

>ceux qui veulent être efficace dans l'écriture.
>ceux qui veulent terminer rapidement leur livre en présentant une information complète.
>Ceux qui veulent avoir un portfolio de livres.
>ceux qui sont à la recherche de revenu de substitution.

Avez-vous lu ces livres ?

http://www.amazon.fr/dp/B006V4H4FI=> Comment Publier Simplement sur KINDLE des livres qui vous rapportent jour après jour

http://www.amazon.fr/dp/B007P4ZG94 => Comment réussir la mise en forme de vos livres numériques - De Word vers le MOBI (Kindle) et l'EPUB

FIN